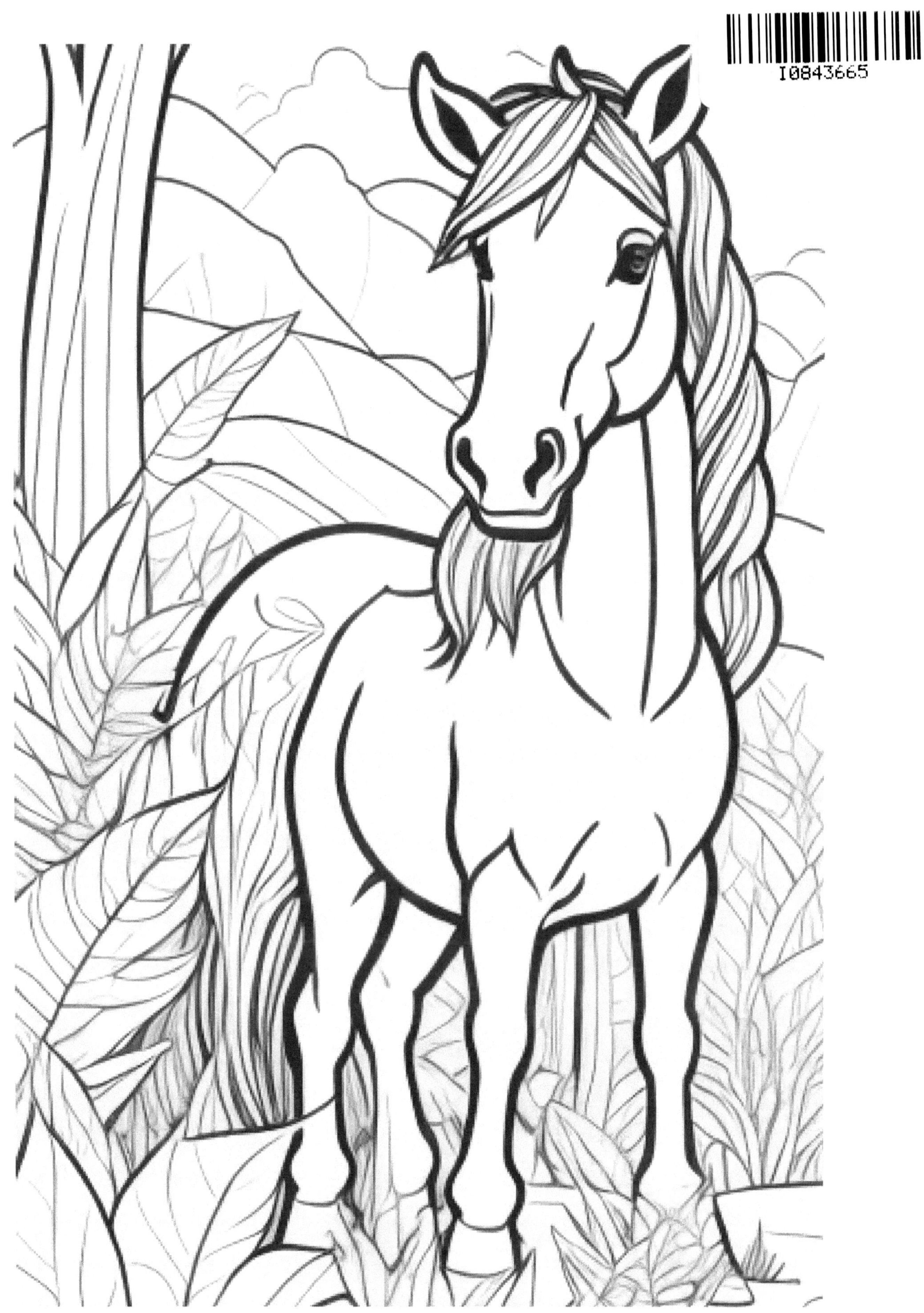

I0843665

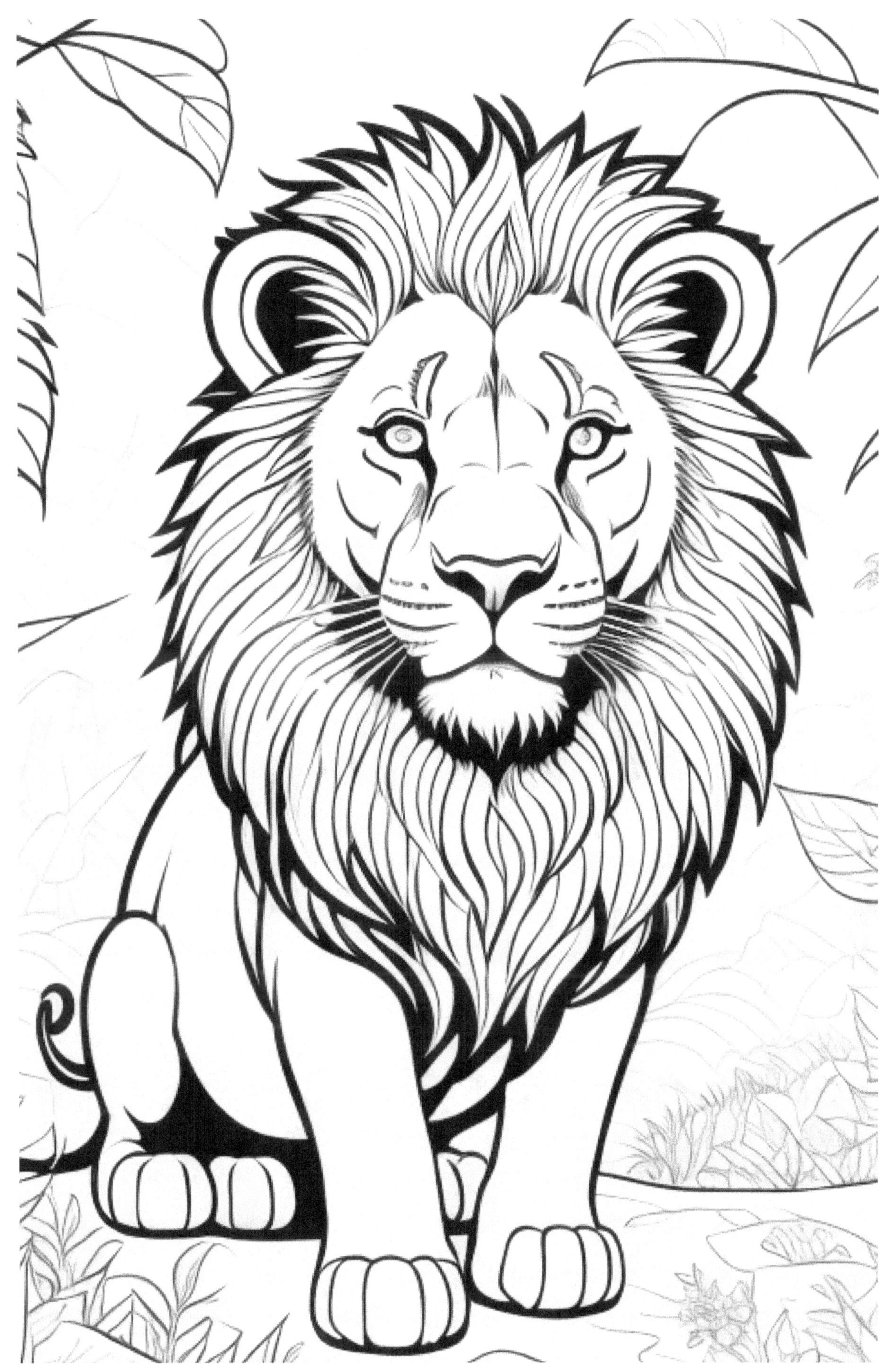

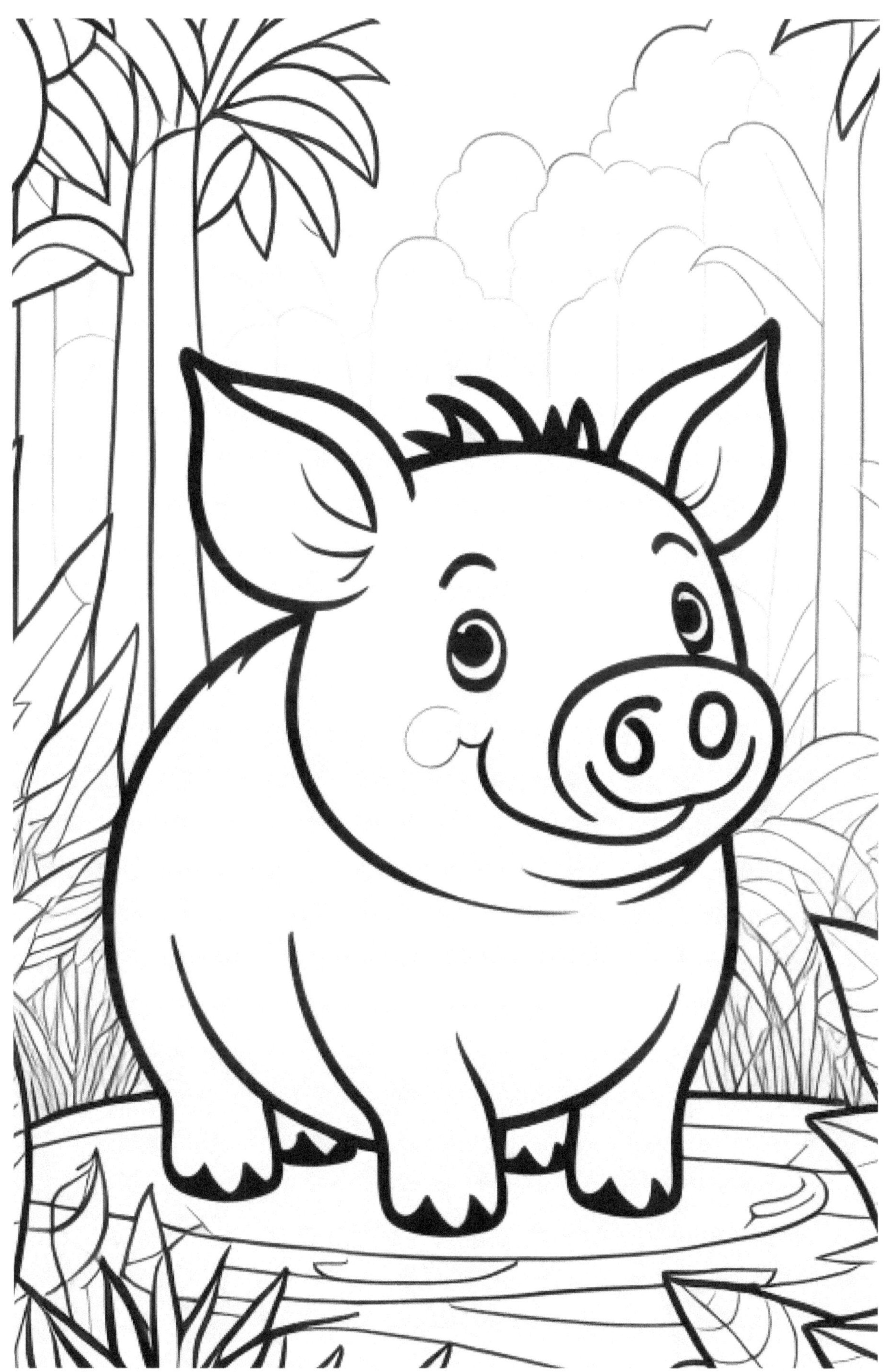

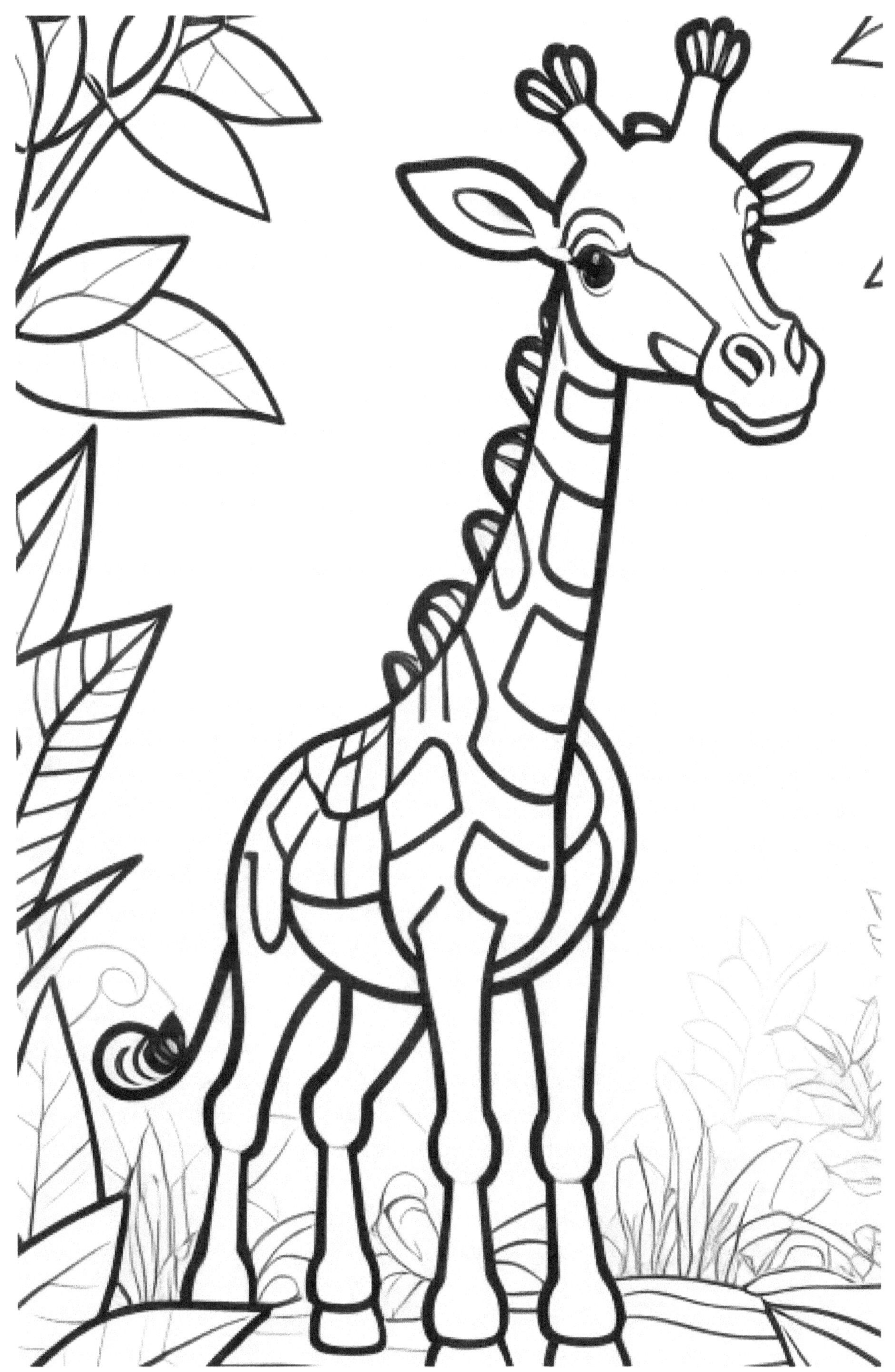

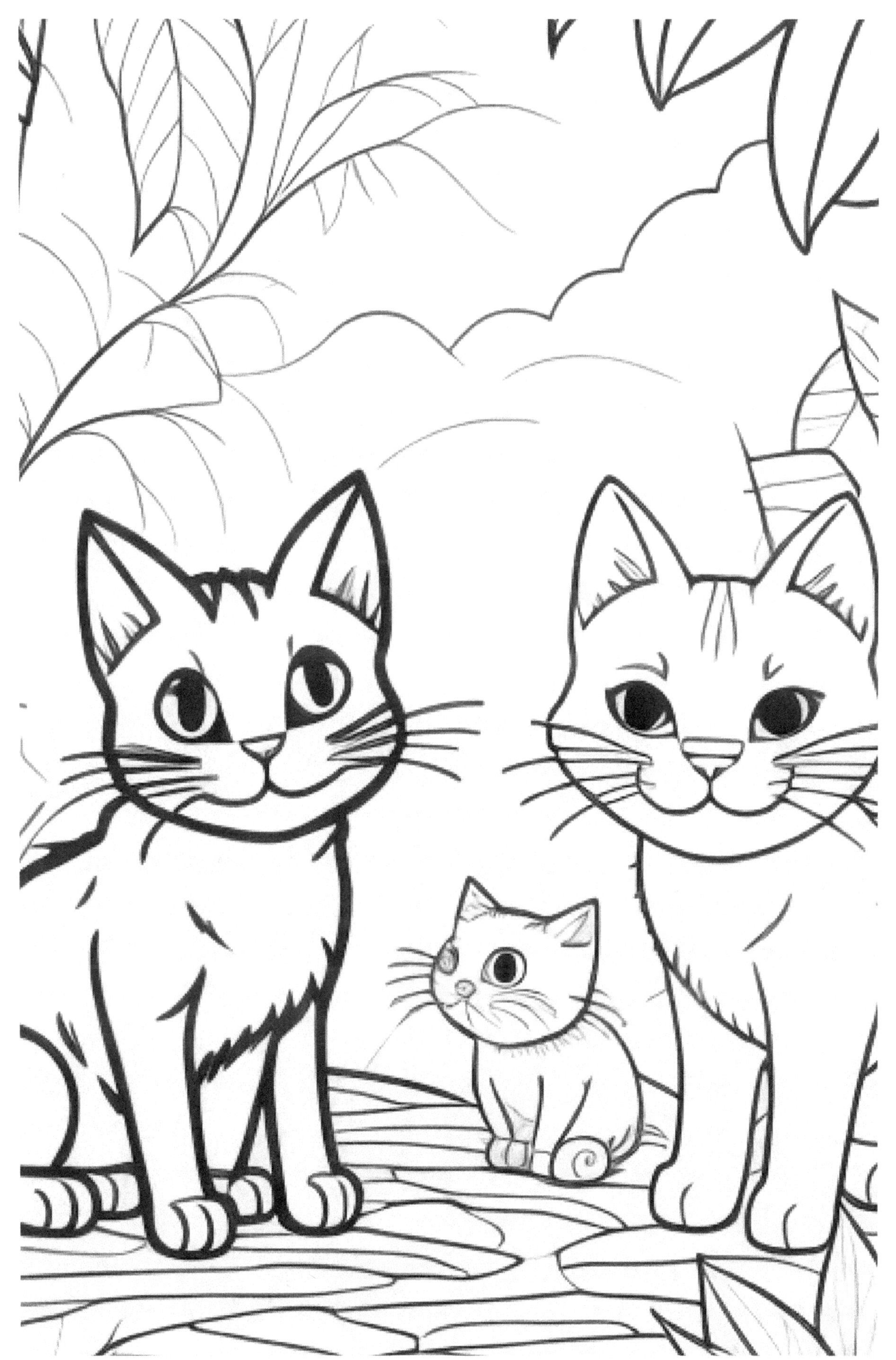

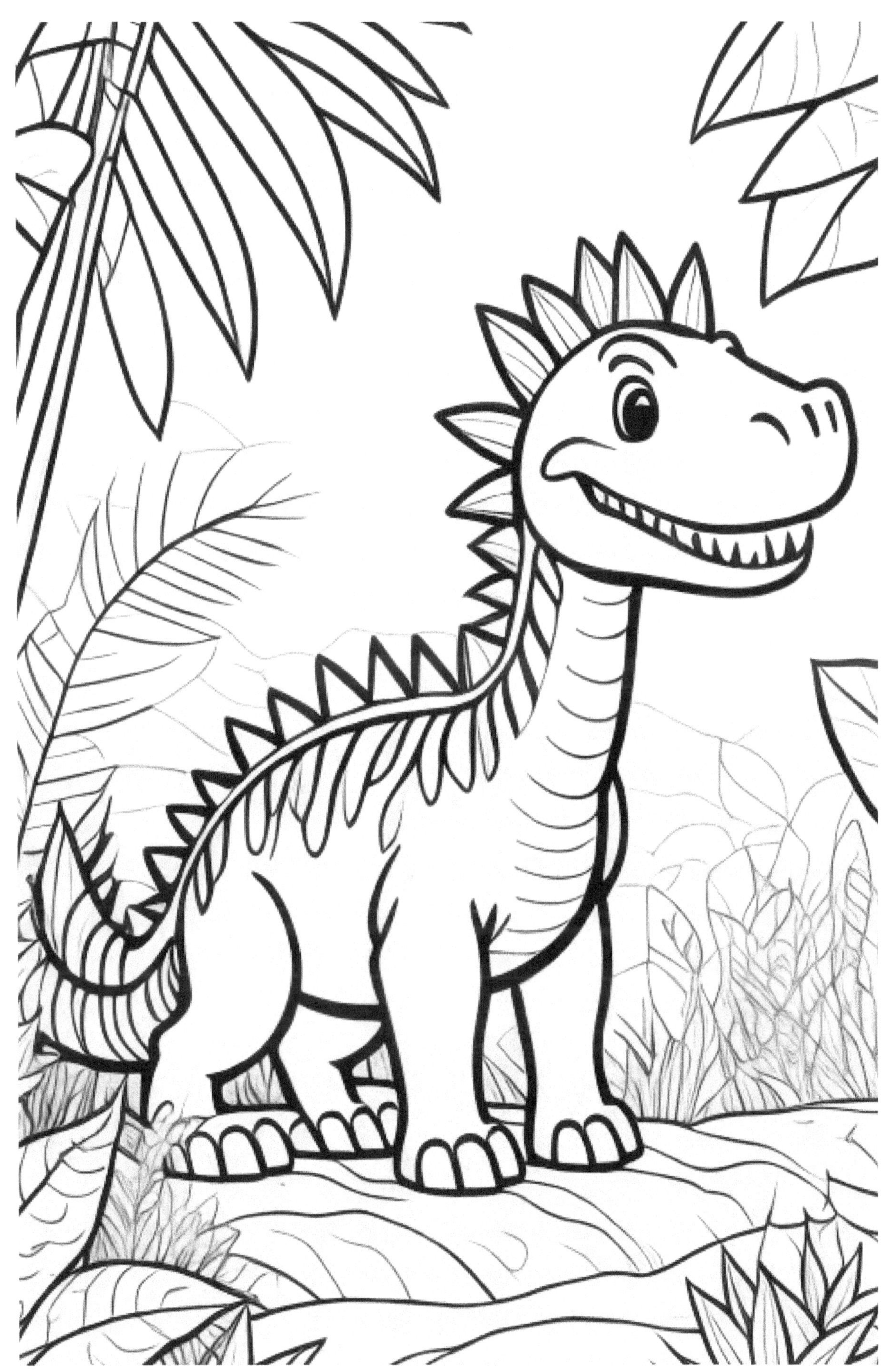

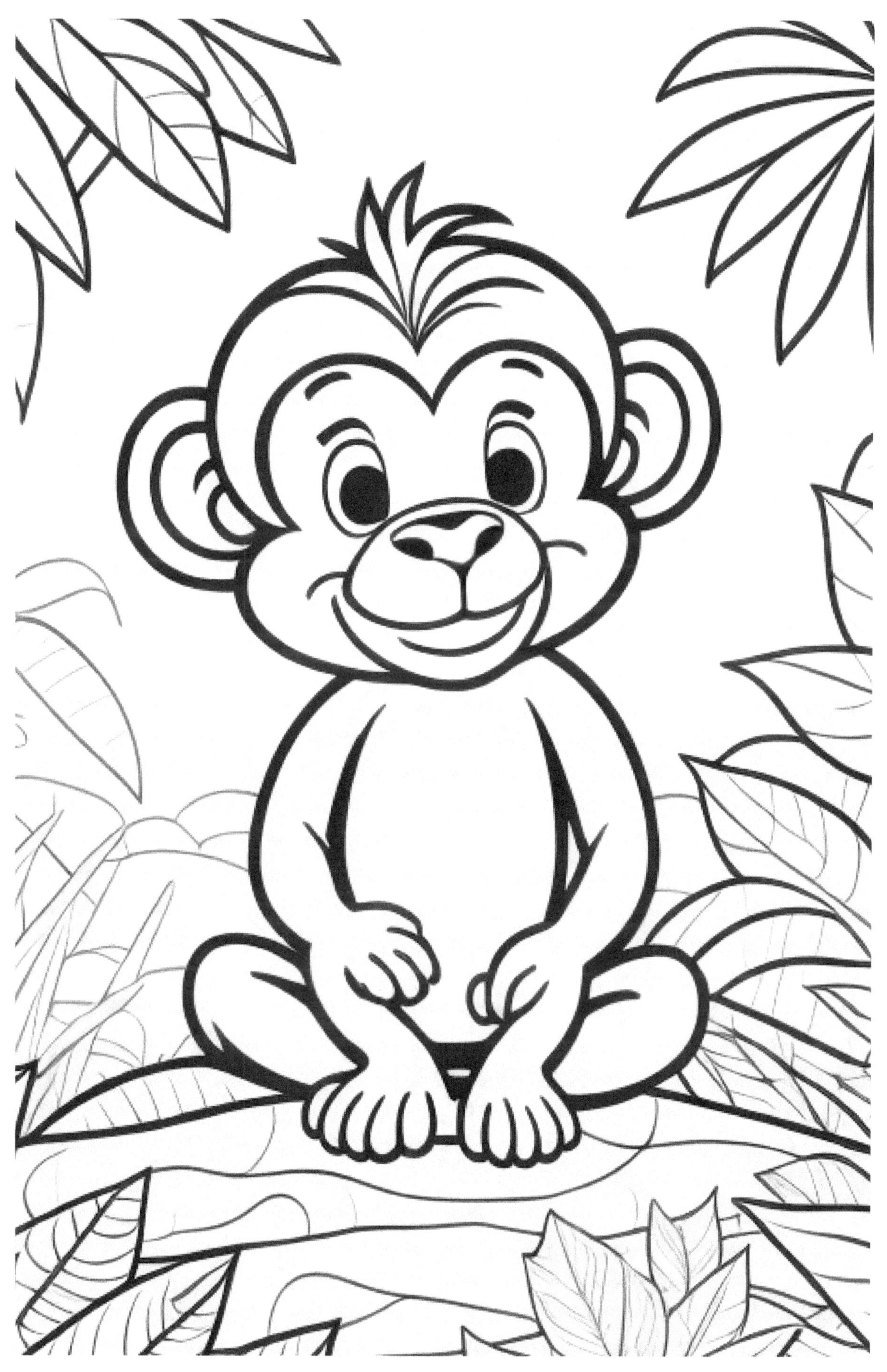

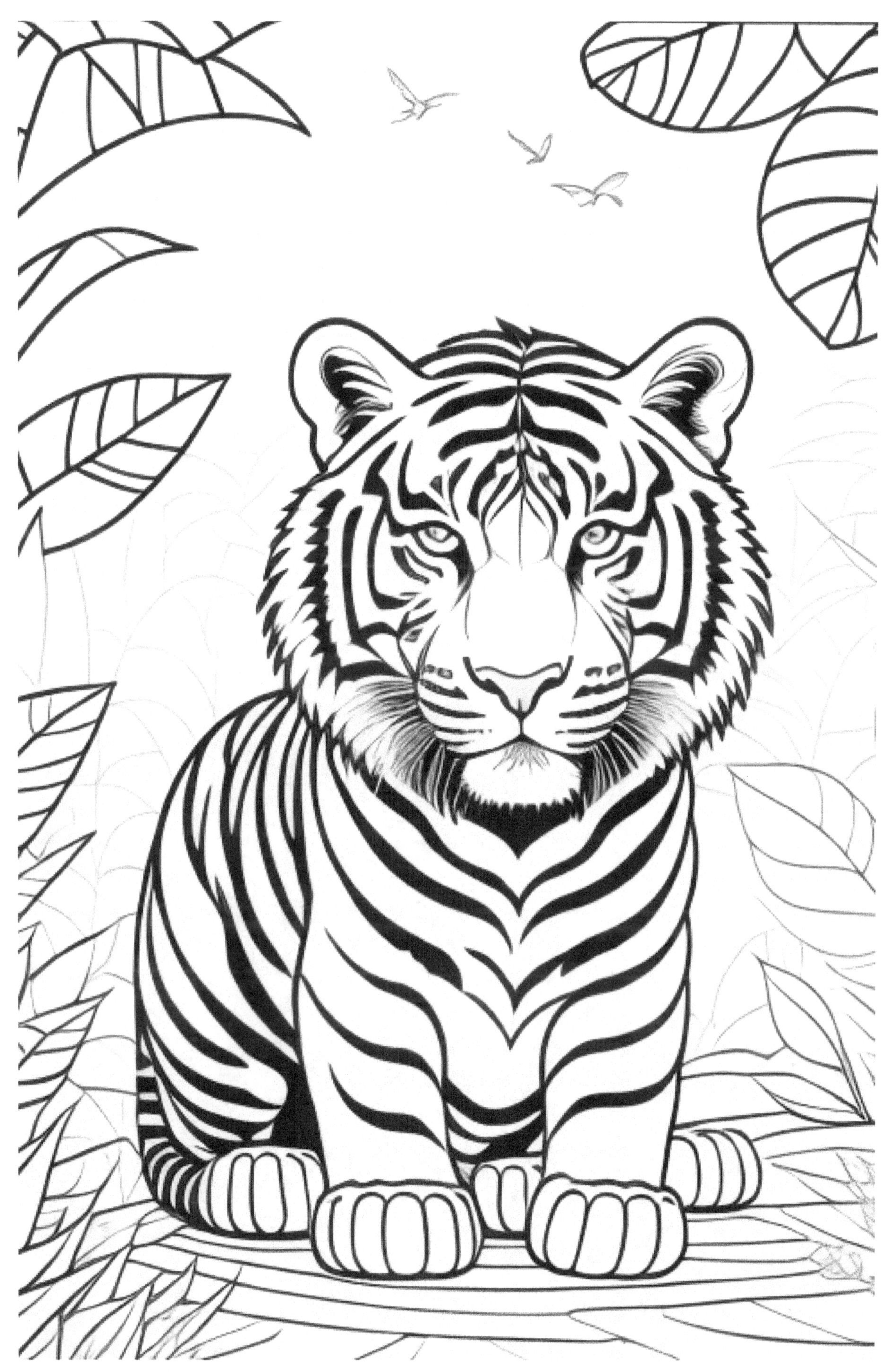

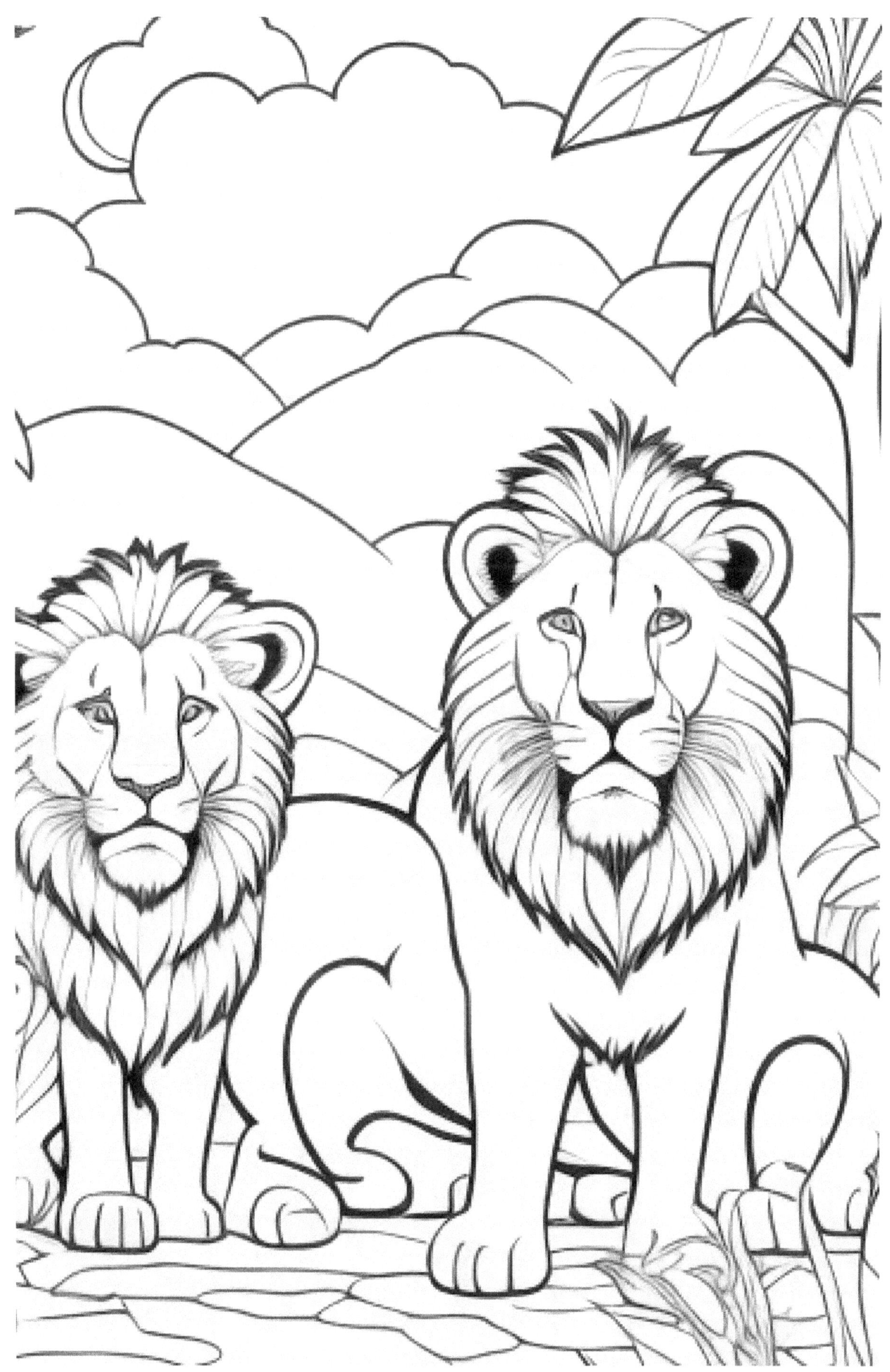

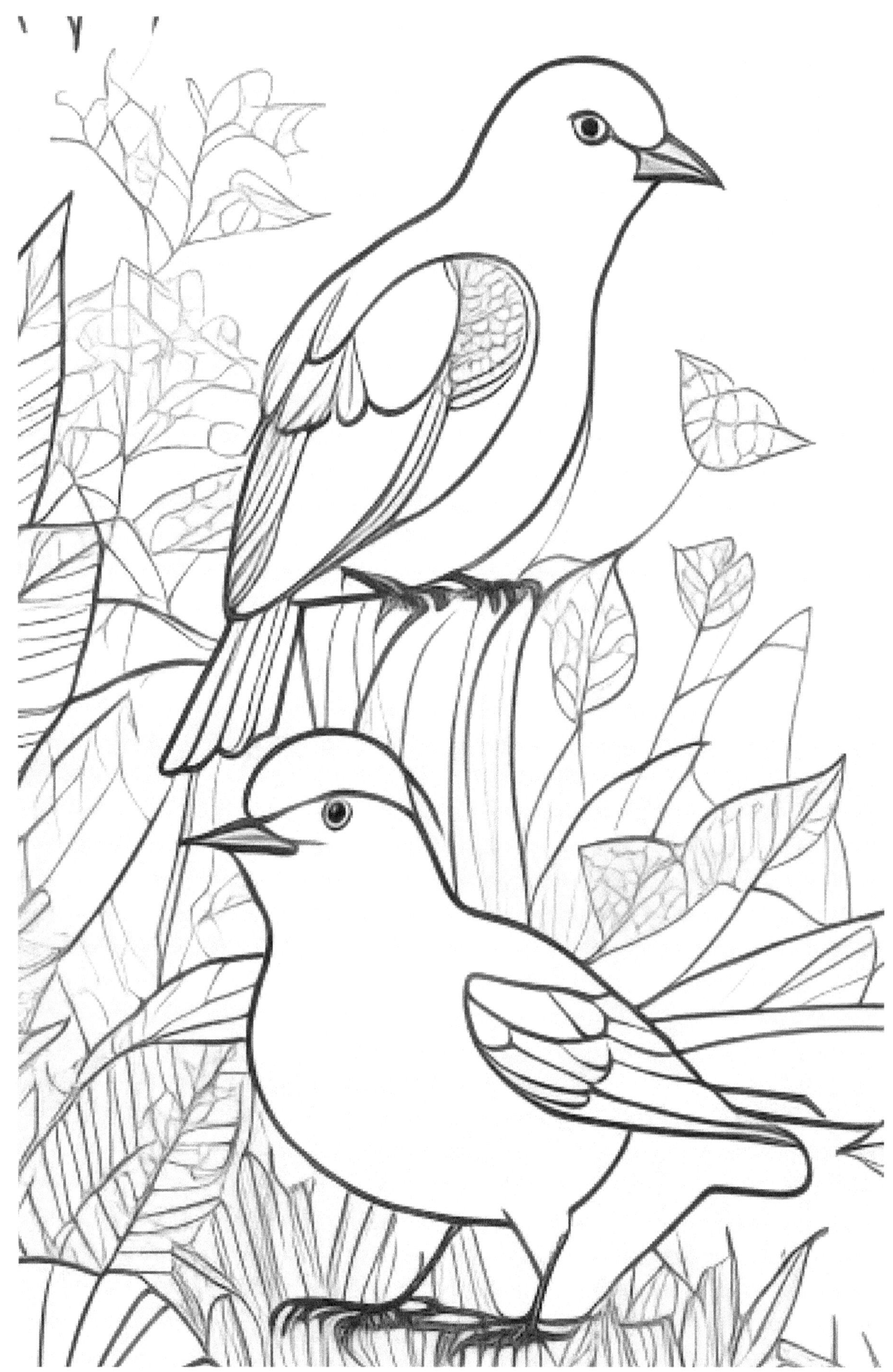

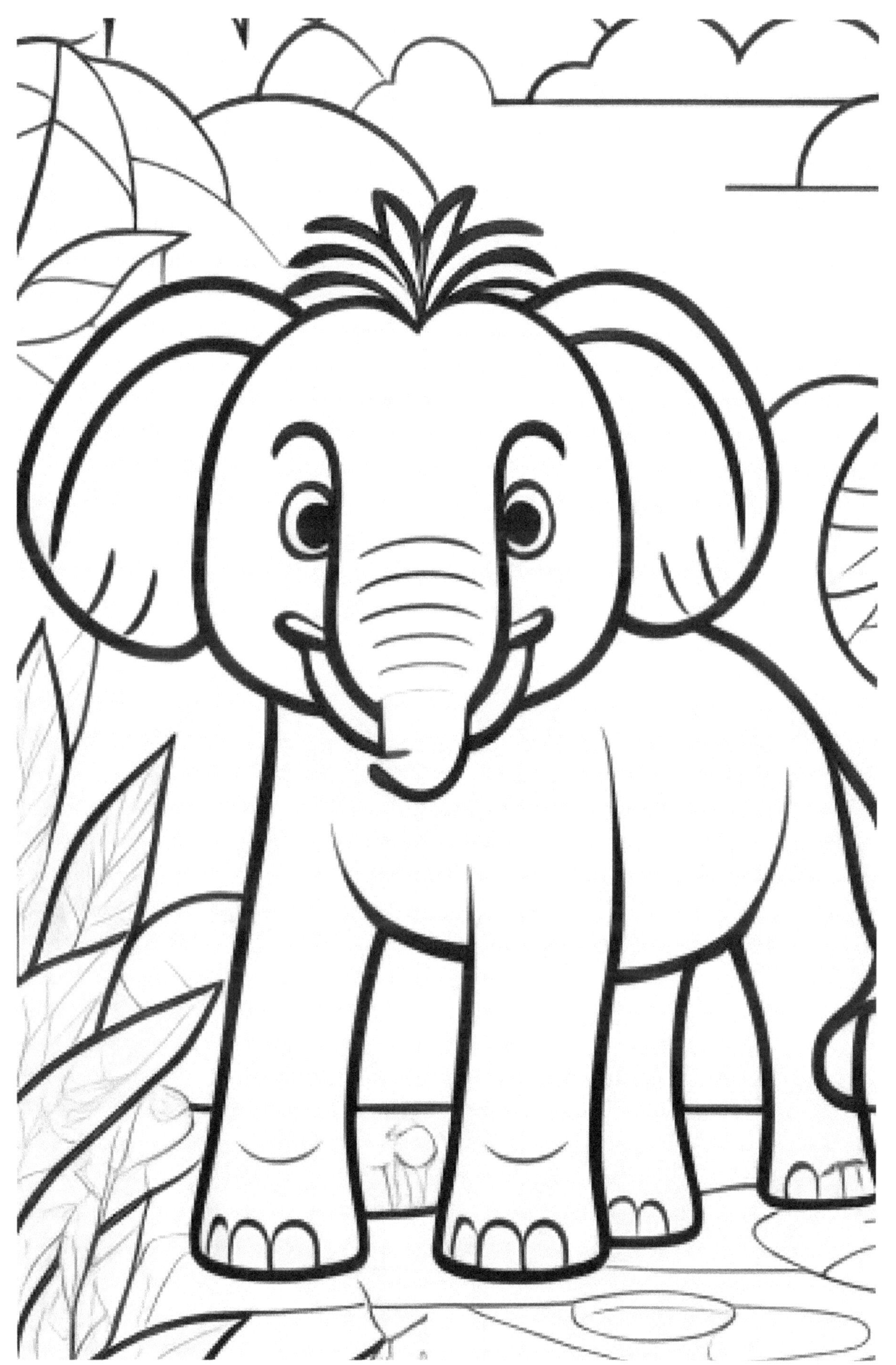

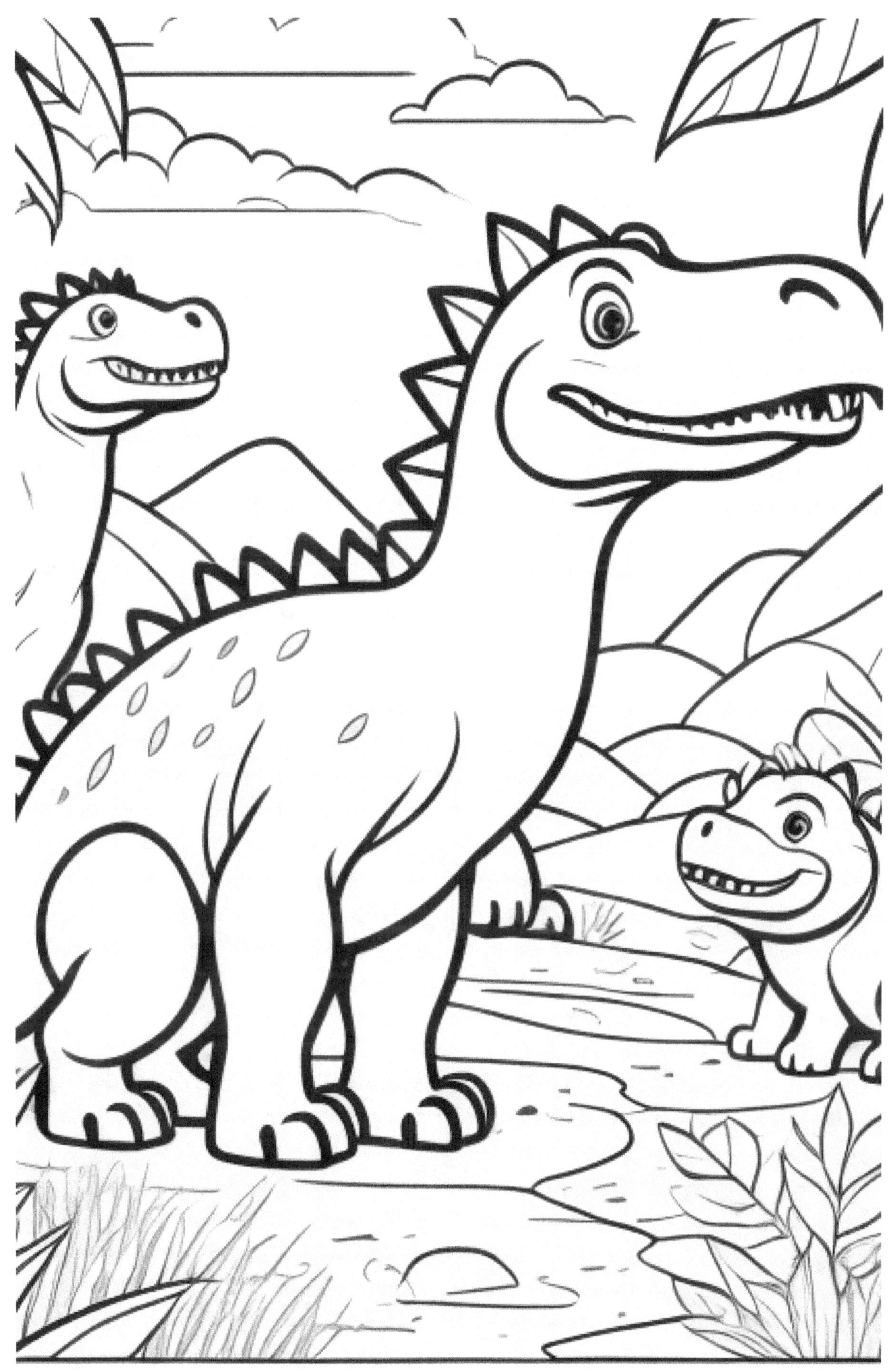

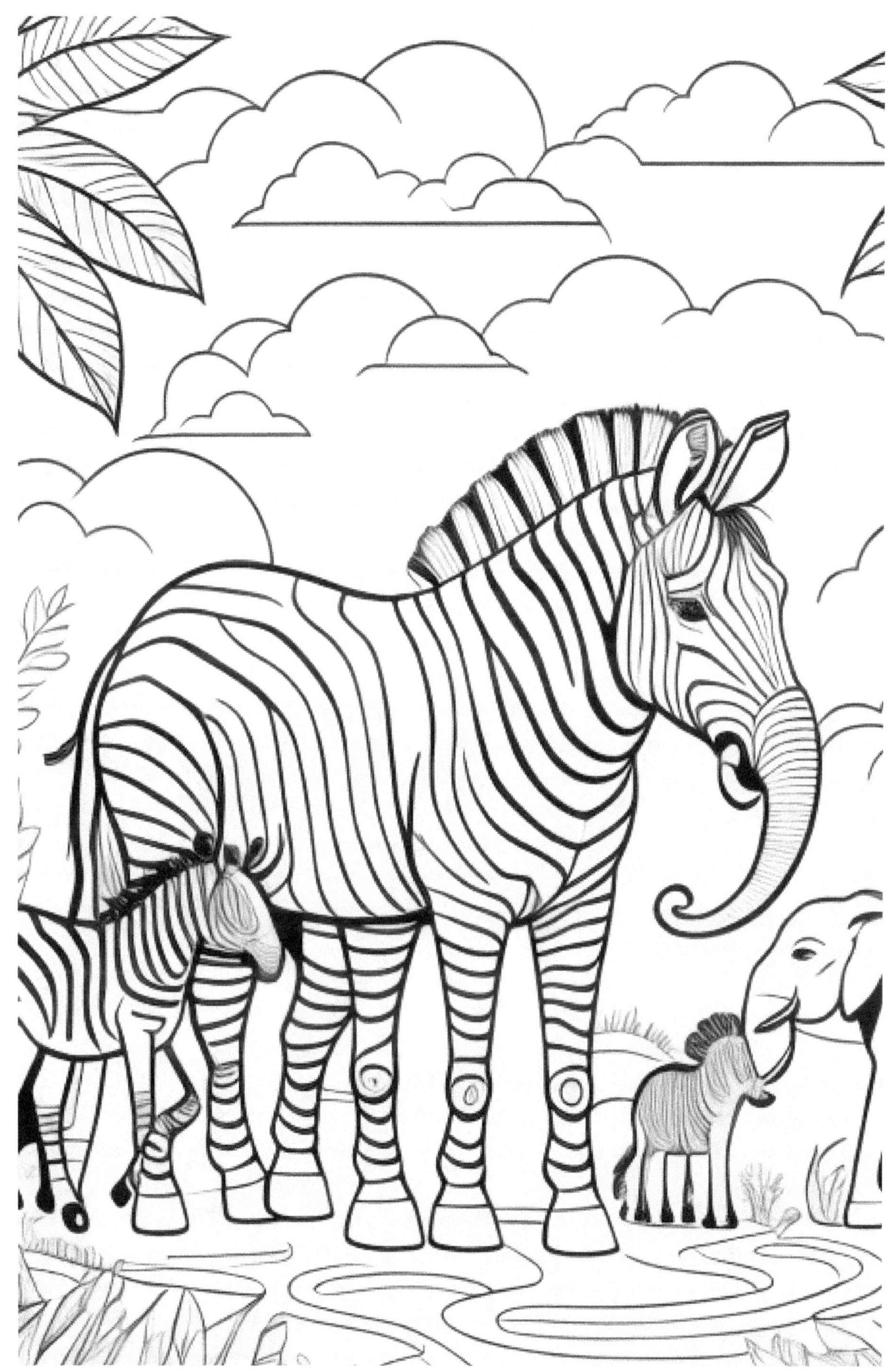

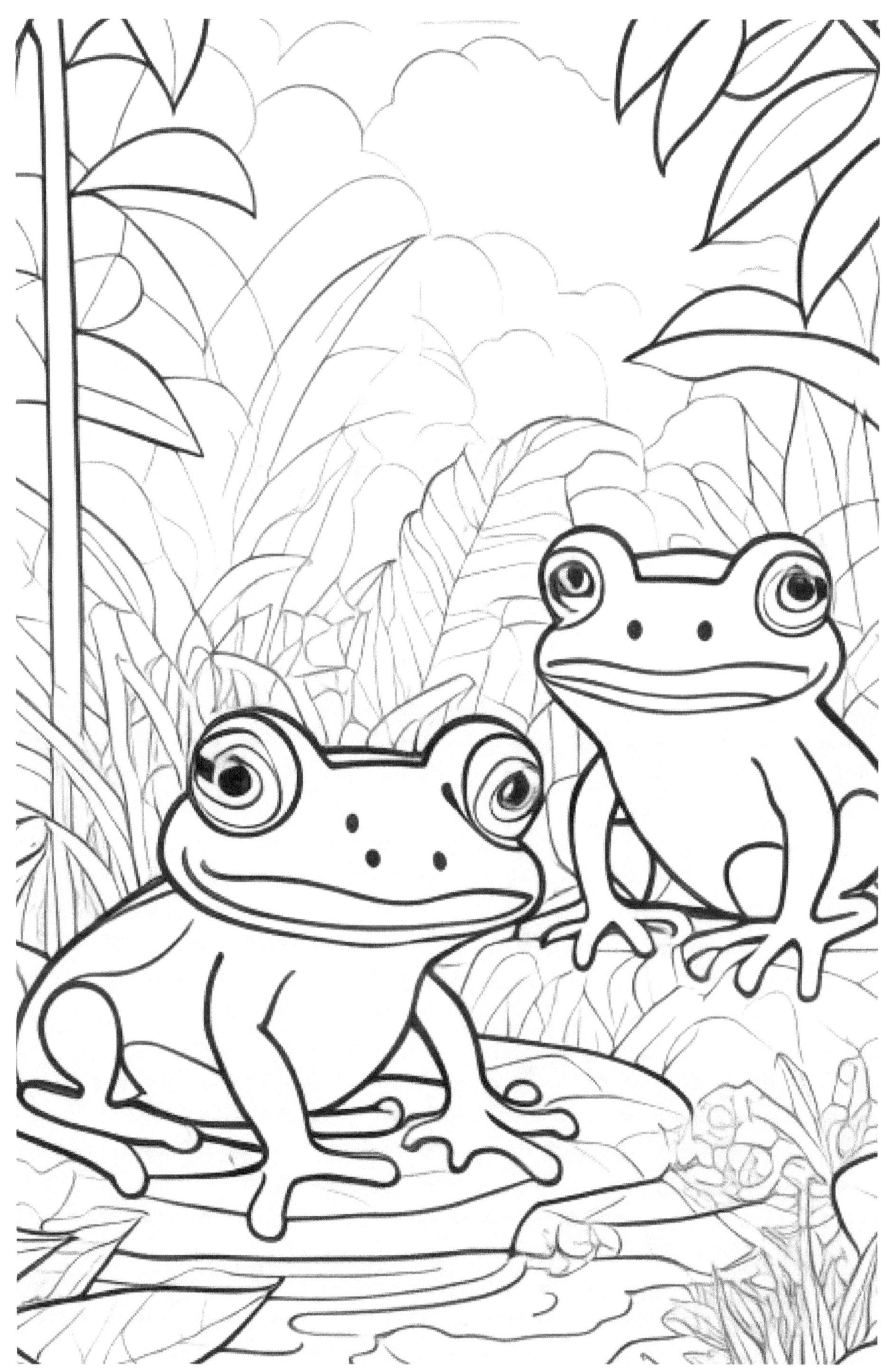

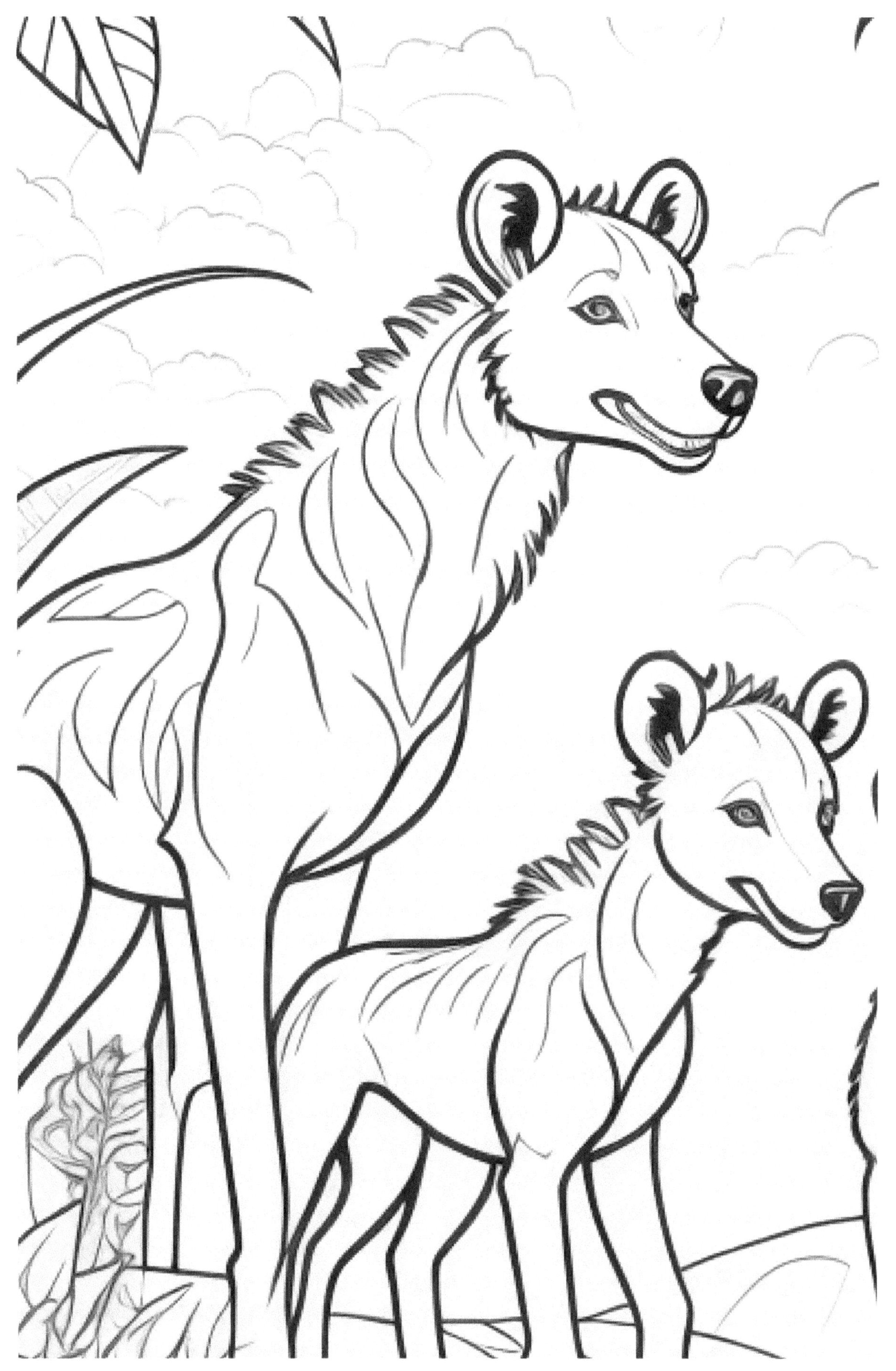

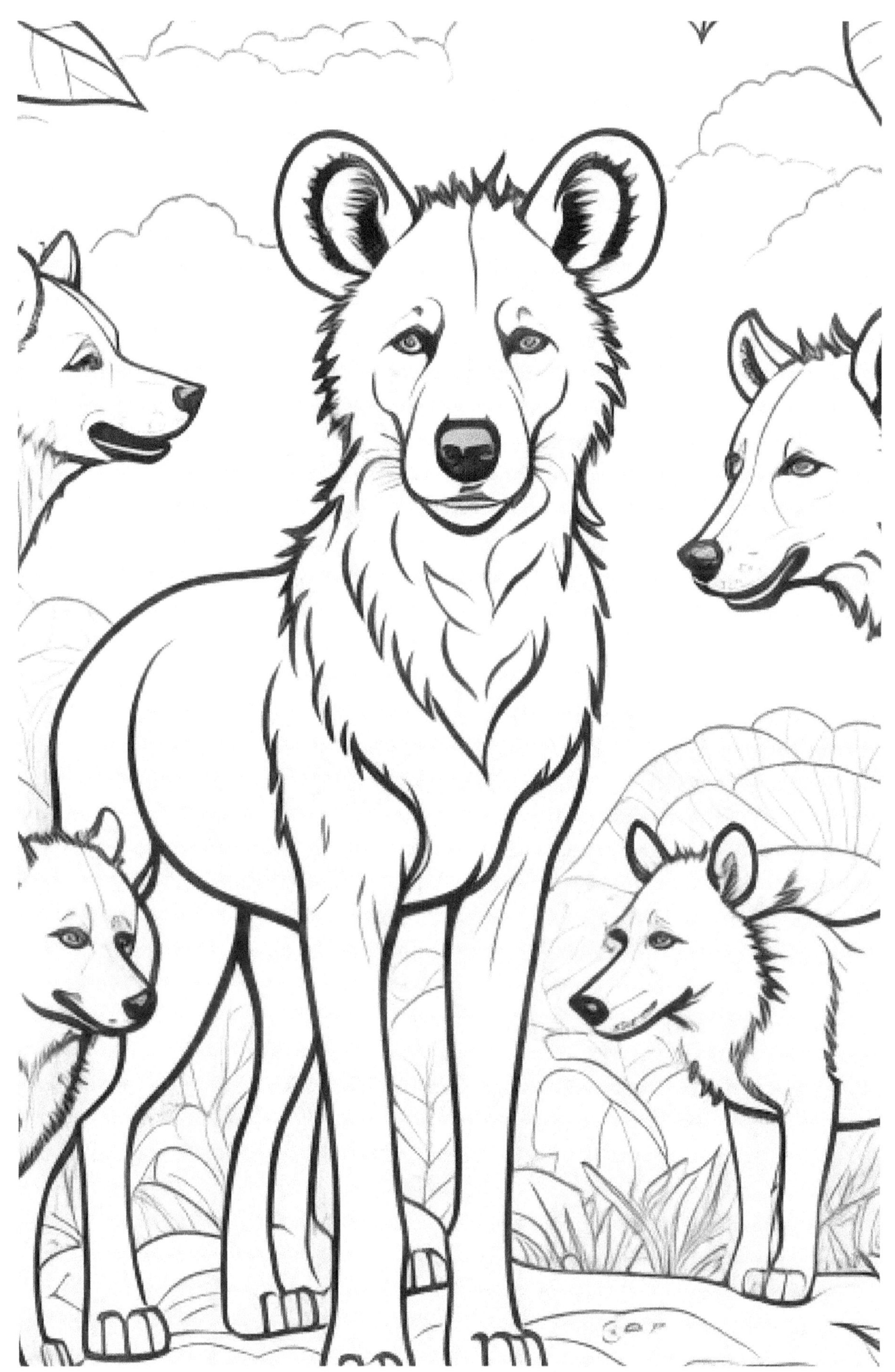

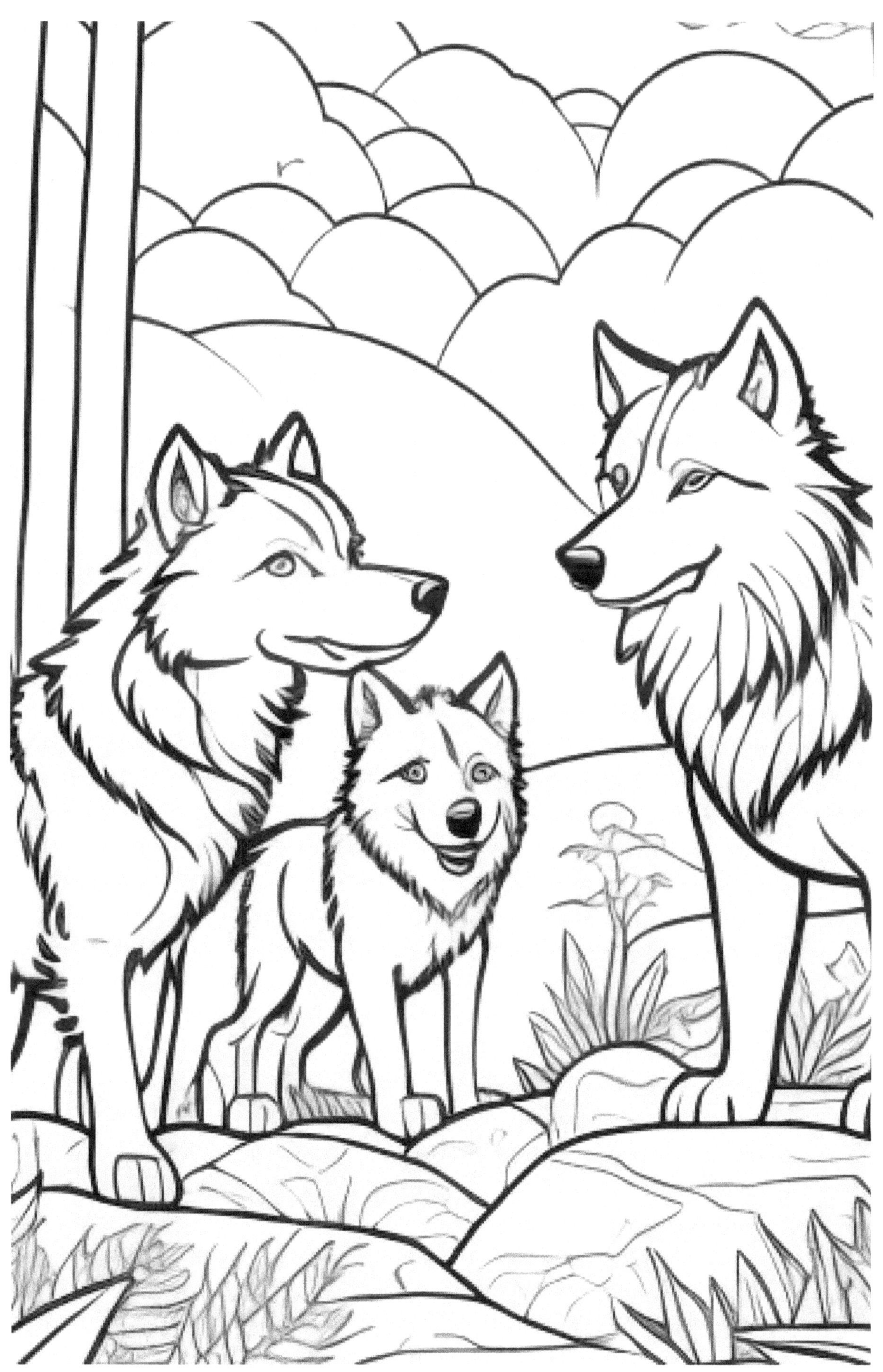

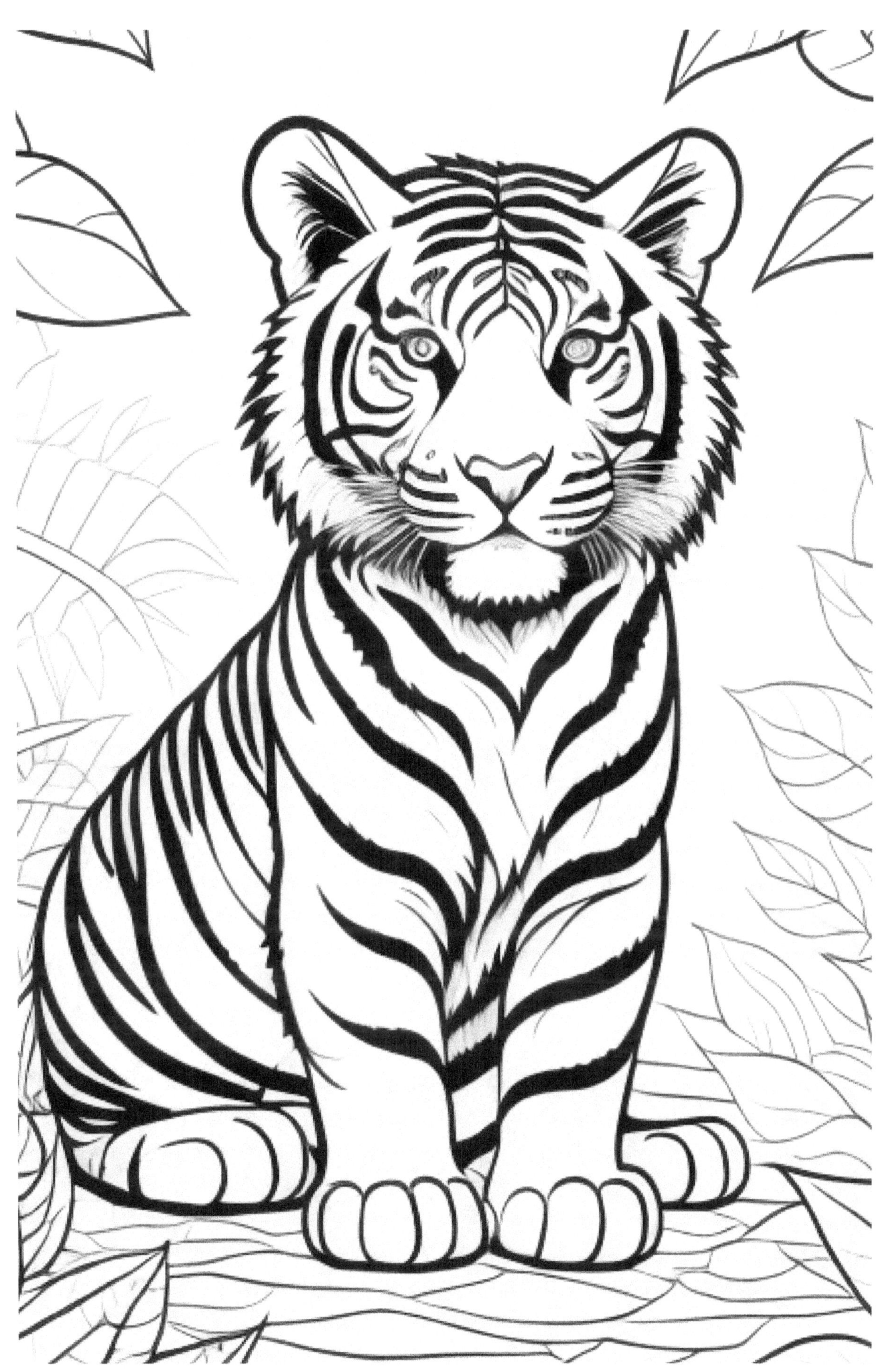

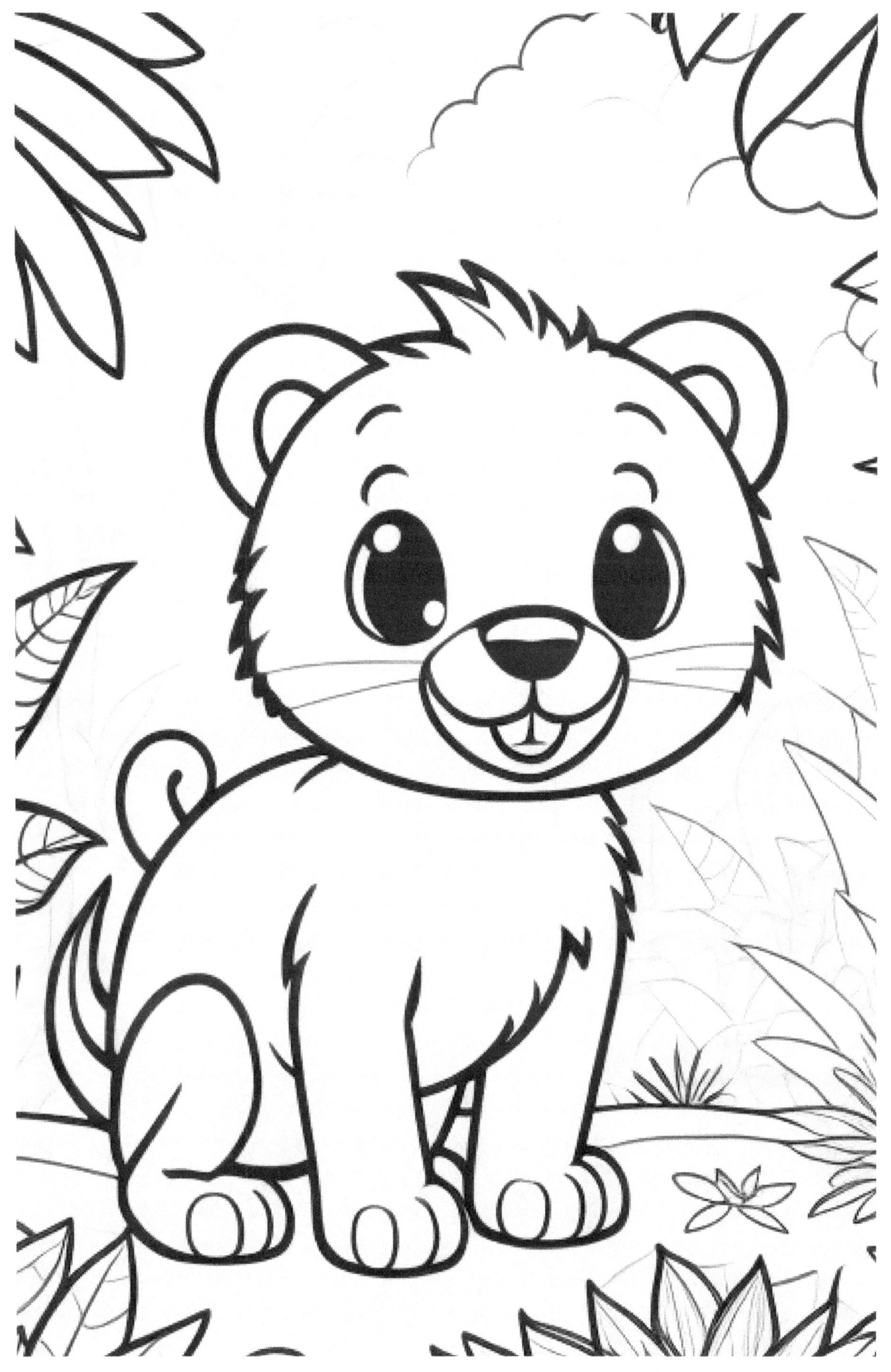

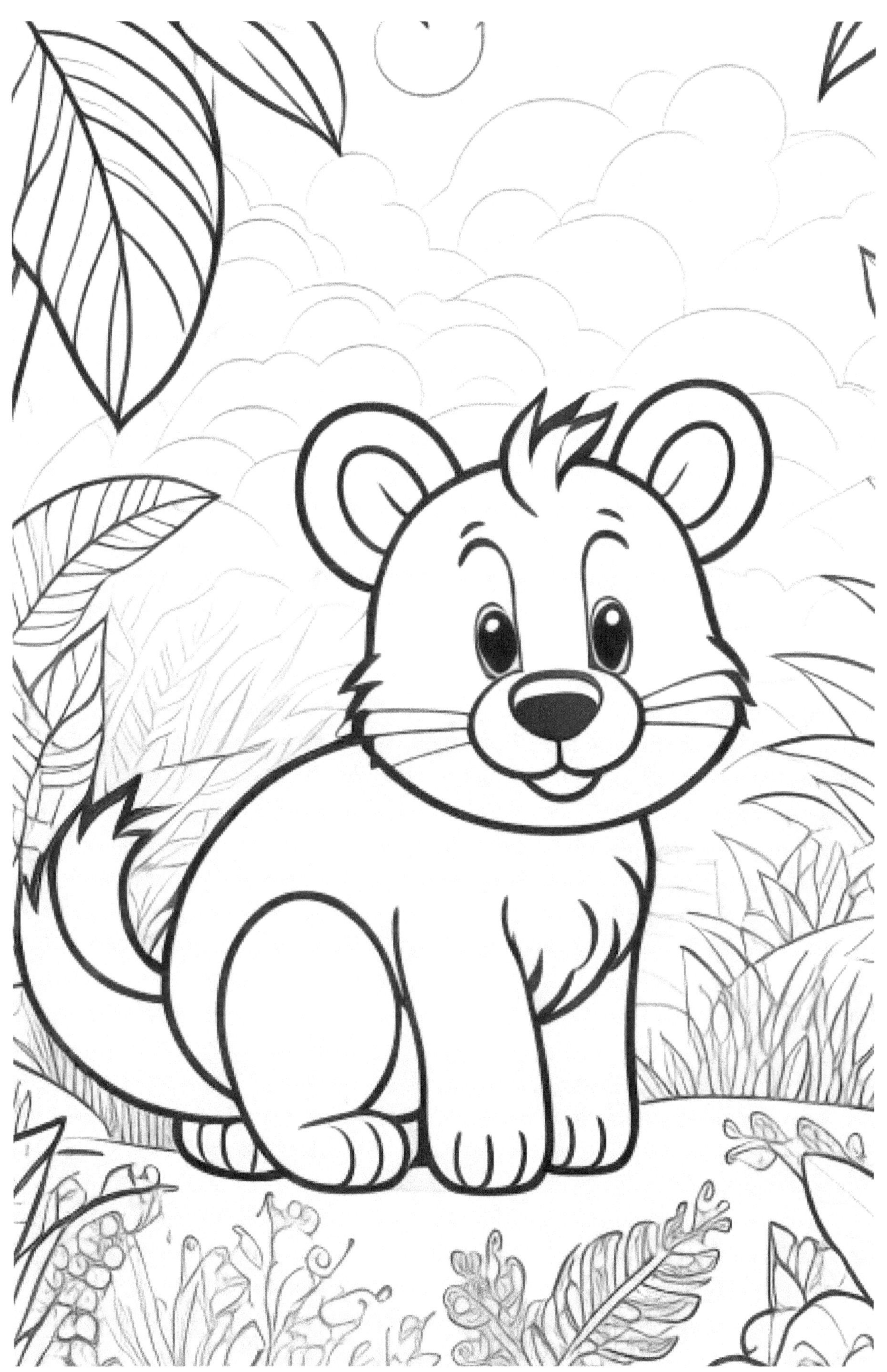

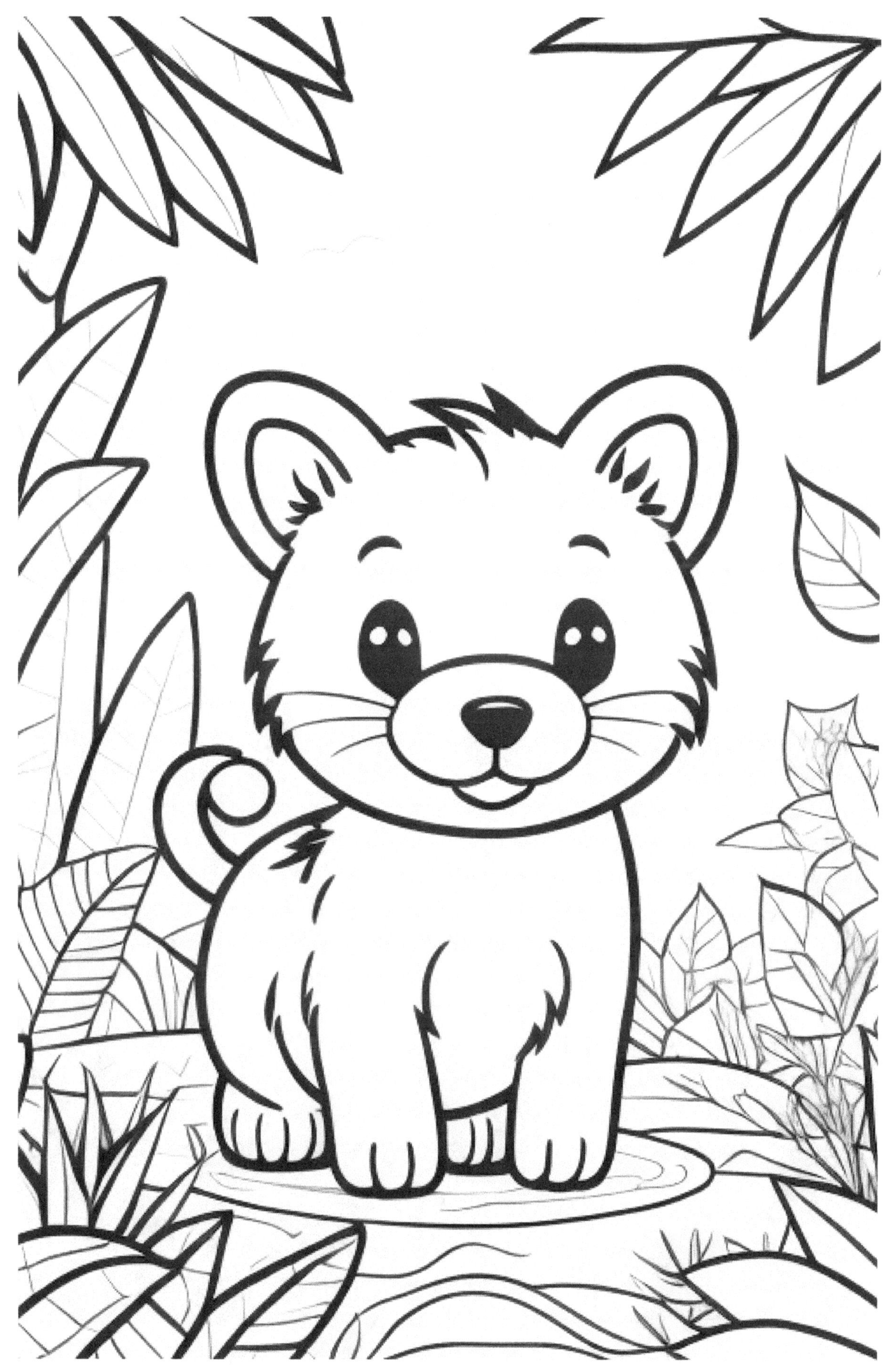

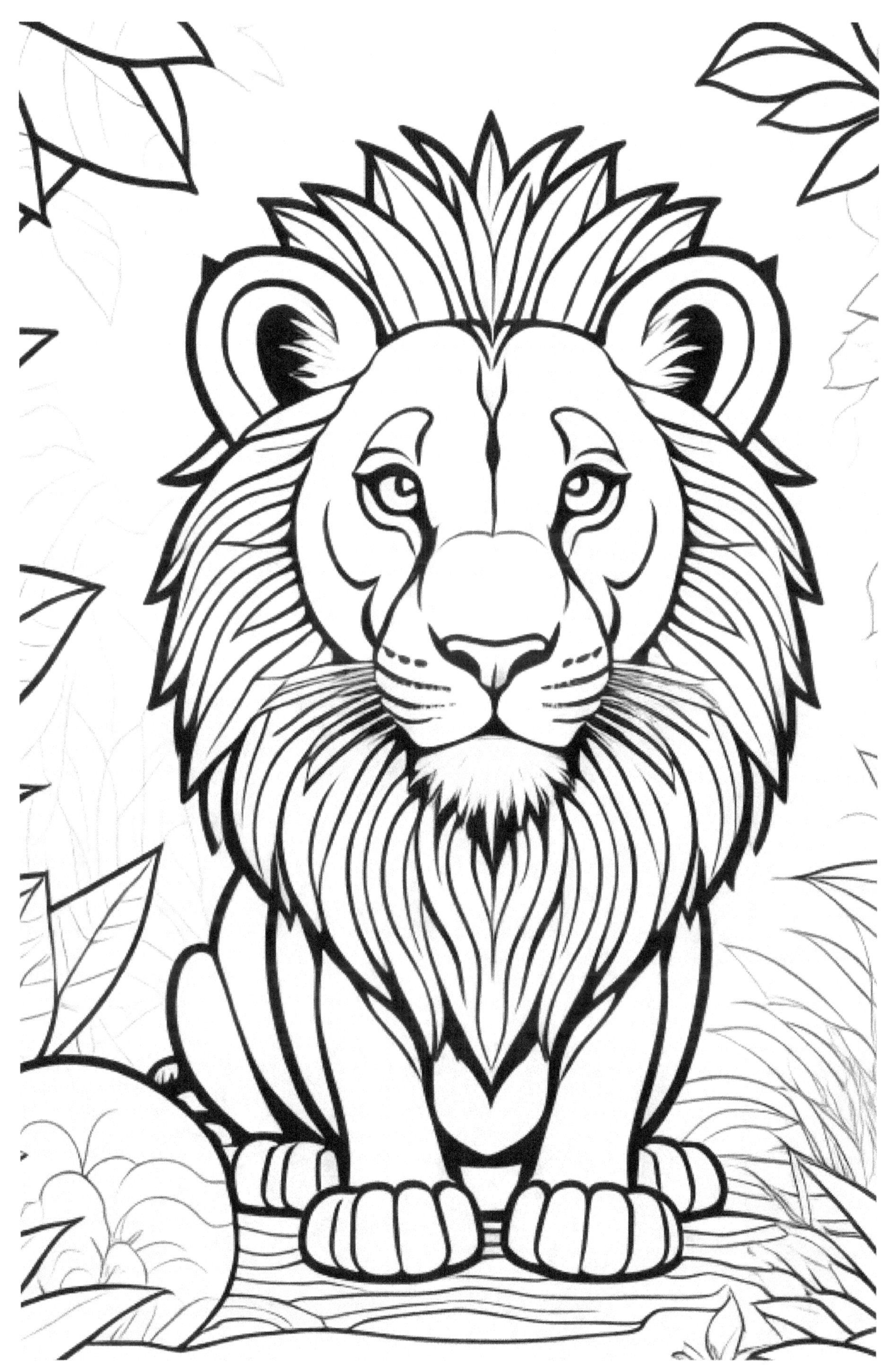

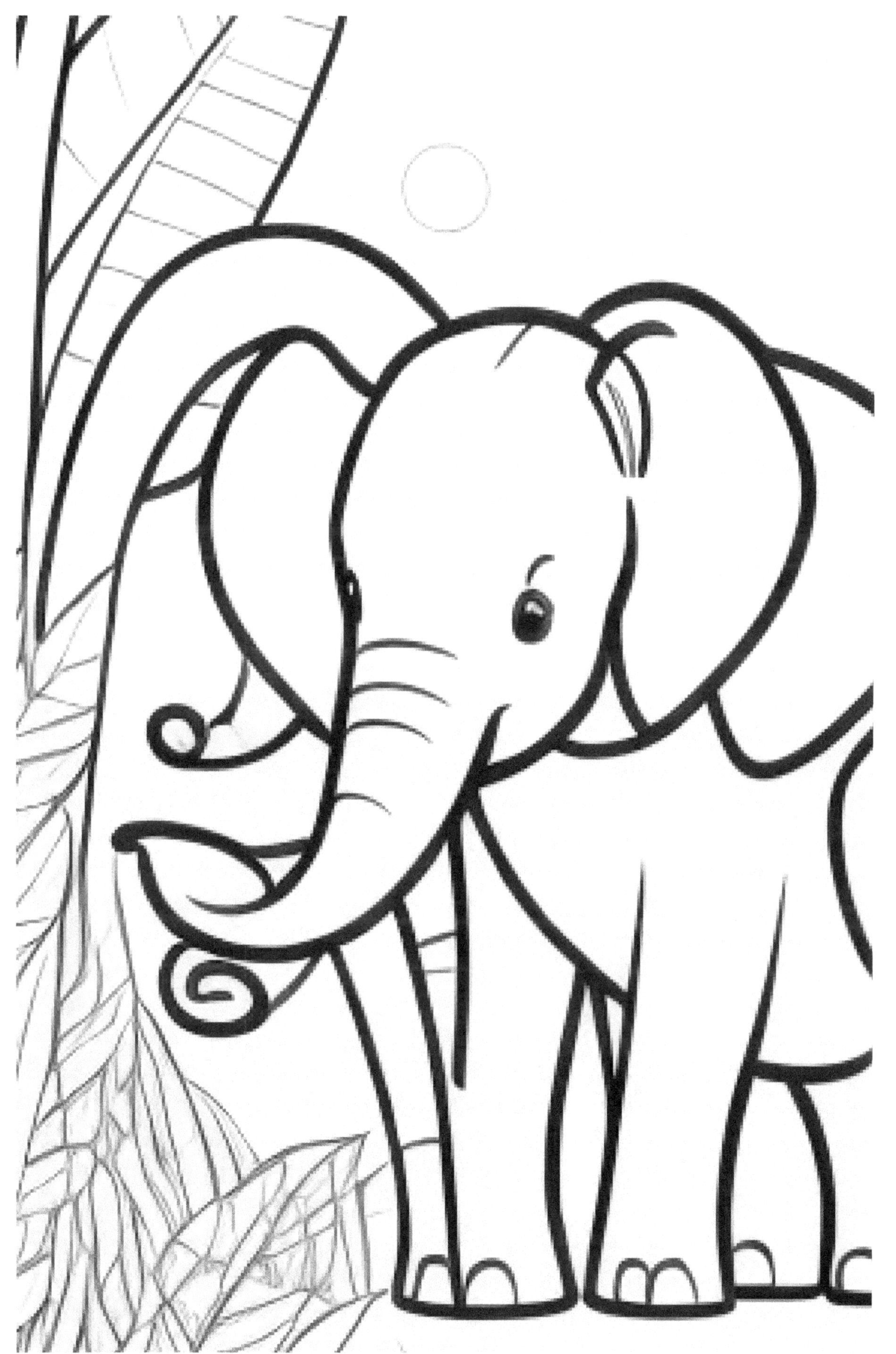

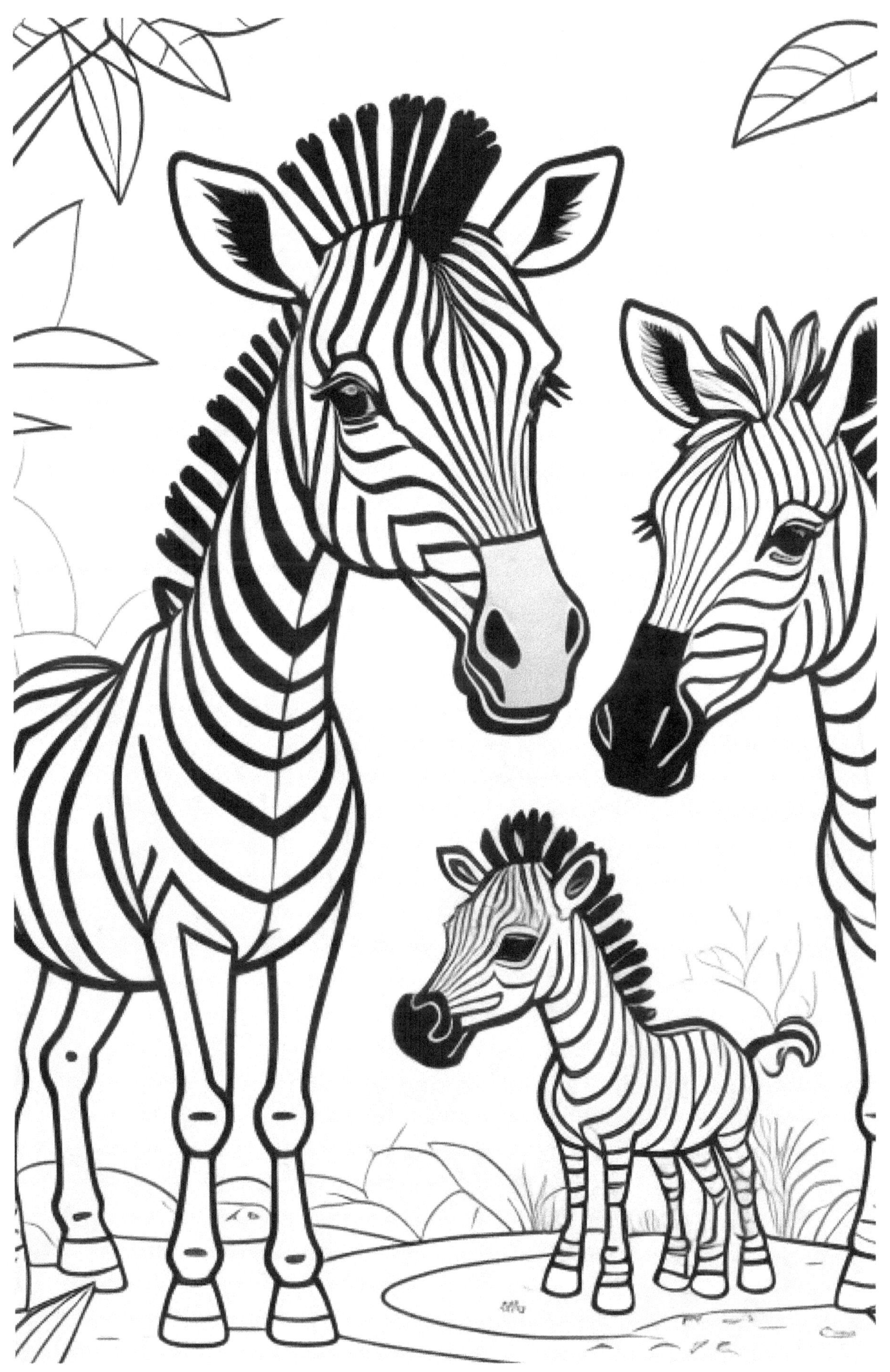